Нумерология 2024

Пришло время расти и обретать изобилие и процветание. Успеха можно добиться, если мыслить и мечтать масштабно. 2024 год — это мощный год, когда вы сможете получить деньги, власть и успех.

Алина А. Руби и Анжелина Руби

Введение

Нет такого понятия, как случайность, есть синхронность. Все мы рождаемся в определенный день, место, дату и время, которые не являются прихотью судьбы. Мы приносим с собой определенные миссии и уроки из прошлых жизней.

Используя нумерологию, мы обретем большую самостоятельность и возьмем свою судьбу в свои руки.

Нумерология — это изучение чисел и их значения. Эта дисциплина основана на концепции, согласно которой имя, день, месяц и год Вашего рождения содержат фундаментальную информацию о Вас. Анализируя числовые значения букв, из которых состоит ваше имя и фамилия, а также цифр в дате рождения, можно узнать важные аспекты вашей личности и ваше предназначение в жизни.

Нумерология — это древняя эзотерическая традиция, которая использовалась всеми мистиками и философами на протяжении тысячелетий в Китае, Греции, Риме и Египте.

Нумерология — это соответствие между числами и событиями, а также анализ того, как они влияют на жизнь. С помощью нумерологии мы можем познать себя и раскрыть свои таланты. Она настолько обширна, что с ее помощью мы можем получить информацию о своем здоровье, профессии, отношениях и целях в жизни.

Пифагор первым овладел этим инструментом, поэтому его считают отцом нумерологии. Он не только внес большой вклад в развитие и совершенствование нумерологии, но и является создателем множества математических гипотез.

Нумерология 2024

Согласно нумерологии, 2024 год добавляет число **8.**

Это число связано с изобилием, властью, равновесием и справедливостью.

В этом 2024 году мы должны пересмотреть свое отношение к процветанию. Мы должны быть организованными, оплатить свои финансовые долги и более эффективно организовать свою жизнь. Это год, когда мы должны ценить свое время и сосредоточиться на важных вещах.

Мы должны научиться жить без страха и постараться залечить свои раны на подсознательном уровне.

Этот год даст вам возможность добиться процветания на духовном и материальном уровне. Для этого необходимо повысить уровень своей самооценки.

Это будет год со многими трудностями, но вы должны помнить, что вы будете учиться на них.

Что означает число 2024 в духовном смысле?

Значения отдельных цифр, составляющих число 2024, согласно нумерологии, таковы:
***Число 2** символизирует двойственность, семейную, личную и общественную жизнь. Вы будете наслаждаться домашней жизнью и семейными посиделками.*

Число 2 указывает на общительность, дружелюбие и способность к сопереживанию. Это число сотрудничества, приспособляемости и внимания к другим.

Это число символизирует равновесие, союз и близость. Оно также является прекрасным посредником, честным и дипломатичным. Оно олицетворяет интуицию и уязвимость.

***Число 4 служит** для установления стабильности и вызывает чувство долга и дисциплины. Оно говорит нам о создании прочного фундамента. Это число учит развиваться в материальном мире и развивать свой логический ум.*

__В цифре 0__ все начинается с нуля градусов и в нулевой точке заканчивается. Иногда мы не знаем конца, но воспринимаем начало, то есть нулевую точку.

Сила.

Сила — это карта Таро 11 и 8 одновременно. Эта карта Таро символизирует твердость, силу и упорство в борьбе за выживание.

Этот арканам представляет собой способность преодолевать препятствия. Власть интеллекта над силой. Это также олицетворение терпения, интуиции и примирения противоположностей.

С астрологической точки зрения аркан Сила Таро t связан со знаком зодиака Лев и планетой Марс.

Нумерологически эта карта Таро имеет две перспективы, поскольку в Марсельском Таро она имеет номер 11, являющийся числом мастера, а в Таро Райдера Уайта - номер 8.

Сила — это прообраз выносливости. Всегда в контакте со своей интуицией и творчеством, но со сверх развитым талантом, живостью, восприятием и тонкостью.

Для достижения своих целей Сила способна управлять самыми необходимыми инстинктами. Она никогда не сдается и не угасает, а только сопротивляется.

Сила" неизменно достигает поставленных целей, проницательно и хитроумно преодолевая любые трудности.

Этот аркан проверит вашу способность к выносливости, стойкости, терпимости, ваши пределы, и, если вы действительно хотите что-то изменить или достичь цели, вам придется проявить настойчивость, не оставляя попыток.

Это означает, что для достижения своих целей вам придется перестать быть нетерпеливым, изгнать страх и похоронить свое эго.

Если в прошлом году вы пытались достичь какой-то цели и не смогли ее достичь, значит, вы использовали неправильные методы. Поэтому в этом году Сила просит вас не менять цель, а изменить свое отношение к ней и те методы, которые вам не подходят.

Вы должны использовать энергию аркана "Сила", чтобы наполнить себя его мужеством и выносливостью. Вы должны быть стоически стойкими, смелыми и решительными, чтобы победить свои страхи, и вы достигнете этого только дисциплиной и упорством.

Ничто не помешает вам достичь поставленных целей, не следует торопиться, не следует отворачиваться от трудностей, которые возникают на вашем пути.

Это аркан силы, не спешите, принимайте вызовы и терпеливо продолжайте. Вы обладаете силой и выносливостью, чтобы победить. Не расстраивайтесь из-за того, что не в вашей власти, сосредоточьтесь на себе, на своем внутреннем "я". Вы должны отшлифовать себя, чтобы стать своей лучшей версией.

В любви эта карта таро означает верность и стабильные отношения. Она символизирует ежедневные усилия, которые должна прилагать каждая пара для поддержания здоровых отношений, чтобы они стали счастливым союзом.

В материальном аспекте эта карта сообщает о наступлении благополучного сезона, а также о том, что если вы проявите смекалку, то сможете справиться с любой ситуацией, какой бы сложной она ни была. Вы получите заслуженное признание, будете вознаграждены. Это год исполнения ваших желаний.

Ваша работоспособность возрастет, вы будете настойчивы, умеете планировать и идти напролом, всегда глядя в будущее.

Эта карта таро сообщает о том, что Ваше здоровье будет хорошим, так как у Вас будет много жизненных сил. Вам придется быть дисциплинированным в отношении своего самочувствия, но вы на правильном пути, вы будете очень здоровы.

*Эта карта Таро: **Сила"** напоминает вам о том, что у вас есть потенциал и внутренняя сила, чтобы быть в состоянии достичь всего, что вы задумали.*

Количество Жизнь или траектория полета

Чтобы вычислить свой жизненный путь или число Миссии - цифру, которая показывает ваши способности и возможности, а также дает подсказки о возможностях в вашей жизни, - необходимо сложить дату рождения, то есть сложить все цифры вашей натальной даты.

Например, если человек по имени Хуан Карлос Паю родился 7 декабря 1965 года, то его номер рождения равен 4.

Эта процедура выполняется следующим образом:

7 + 1 + 2 + 1 + 9 + 6 +5 = 31

Это происходит от числового места месяца в году, которое равно 12, числового числа в месяце, которое равно 7, и числовой разбивки года, которая равна 1, 9, 6 и 5.

Поскольку 31 - составное число, оно разделяется и складывается:

3 + 1 = 4

Таким образом, число жизненного пути Хуана Карлоса в данном примере равно 4 - число, позволяющее достичь поставленных целей благодаря сочетанию упорства, здравого смысла и любви.

Значение числа 1

Число один символизирует единство. Для этих людей характерно стремление делать то, что они хотят, и навязывать эти желания окружающим. Эти люди очень искусны, поскольку, по всей видимости, они заставят вас поверить в то, что приняли ваше мнение, а сами будут делать то, что хотят.

Это очень энергичные и непокорные люди, но в большинстве своем они успешны, независимо от профессии.

Они хотят, чтобы их жизненные достижения оставили след, и боятся, что не добьются признания на профессиональном и рабочем уровне.

Число 1 представляет собой способность адаптироваться и реагировать на ожидаемые и непредвиденные изменения.

Он символизирует лидерство и щедрость в лучшем виде. Это умные и экстравертные люди.

Они обладают сильным характером и склонны к некоторому эгоизму.

Люди с этим числом живут насыщенно, без ограничений. У них нет этических проблем, они ведут себя страстно и беззаботно.

Эти люди, если они верят в какую-то идею или дело, отстаивают ее до конца. Их убеждения настолько глубоки, что они готовы бороться за то, что считают правильным.

Это целеустремленные люди, если они ставят перед собой цель, то добиваются ее, даже если на их пути встречаются миллионы препятствий. Они не боятся жертвовать собой.

Они очень дружелюбны, обладают прекрасным чувством юмора. Они обычно пользуются популярностью, и с ними приятно находиться рядом.

Они чувствительны к обидам, но не воспринимают всерьез те обиды, которые наносят сами. Если их кто-то сильно обидит, они, не задумываясь, будут мстить и станут жестокими людьми.

Их жизненная миссия заключается не только в достижении собственных целей, но и в помощи другим. Они обладают способностью мотивировать других.

Задача людей с этим числом - не зацикливаться на себе и не заражать своим энтузиазмом окружающих, чтобы подстегнуть их к действию.

Они очень независимые люди, и, если в силу определенных жизненных обстоятельств им приходится зависеть от кого-то другого, они впадают в депрессию.

Их стремление в жизни - быть независимыми, а когда они этого достигают, то ориентируются на то, чтобы стать лидерами.

Независимо от того, в какой сфере они работают, номер 1 всегда будет лидировать и диктовать правила в своей рабочей или профессиональной области.

Среди негативных аспектов числа 1 - самовлюбленность, эгоцентризм, раздражительность. Иногда они рискуют проявить неконтролируемые амбиции, стать надменными, тщеславными и дерзкими.

Людям с числом 2 два свойственны покровительство, благородство и приветливость.

Они любят принимать у себя дома людей и заботиться о них, что наполняет их эйфорией и удовольствием. Они щедры и, как правило, имеют много друзей.

Они любят устраивать вечеринки и никогда не забудут дни рождения друзей и близких, не говоря уже о годовщинах их свадеб.

Люди с числом 2 всегда вовлечены в общественную деятельность или связаны с политическими группами. Такая деятельность удовлетворяет их потребность в признании и позволяет им получать удовольствие от общения с другими людьми.

2 — это внимательный человек, готовый помочь другим. Им нравится чувствовать себя нужными и востребованными.

Детство людей с числом 2 хорошее. Они умеют дарить любовь. Они также очень интуитивны в отношении эмоций других людей, умеют читать чужие души. Они ненавидят одиночество.

Типичная цифра 2 всегда имеет полный дом друзей, а если не может этого сделать, то прибегает к долгим разговорам по телефону с друзьями и близкими.

Для числа 2 важна общественная и семейная жизнь. Они обычно вступают в брак очень рано из-за желания создать семью и, как правило, имеют много детей, становясь прекрасными родителями.

Конфликты его пугают, потому что в них нет ни стойкости духа, ни постоянства.

Они преуспевают в своей профессиональной области, но им трудно добиться абсолютного успеха, поскольку им не хватает настойчивости. Они также немного ленивы, хотя и не признаются в этом даже себе.

В случае неудачи они ищут оправдания во внешних факторах, но никогда не проводят конструктивного анализа особенностей своей личности, которые привели к этой неудаче.

Их стремление - завладеть вниманием окружающих. Для этого они соблазняют окружающих, предлагая им то, что они хотят. Проблема в том, что они обещают больше, чем могут выполнить.

Они могут стать очень попустительскими родителями и воспитать своенравных детей.

Их привлекают ласки, им необходимо обнимать, целовать всех, кого они любят, и они любят, чтобы их целовали и обнимали.

Они преуспевают в спорте, особенно в групповых видах спорта.

У них есть связь с природой, поэтому они часто планируют экскурсии с семьей и друзьями.

Если позволят финансовые возможности, у 2-го будет дом за городом, где он будет счастлив, общаясь с природой и животными.

На работе люди с этим номером — это те, кто работает с населением и обслуживающим персоналом.

Число 3 символизирует расширение. Эти люди отличаются проницательностью, позволяющей им добиваться всего, к чему они стремятся.

Это аналитические люди, они детально изучают всю информацию, которая попадает к ним в руки, чтобы максимально использовать все возможности.

Они упорно идут к своей цели и делают все возможное для ее достижения. Однако силы, которые они вкладывают в начале работы, гаснут, когда проходит время, а цели не достигнуты. В этом случае они меняют проект.

Если они чего-то хотят и находят более короткий путь к тому, что им нужно, они пойдут по нему, независимо от того, является ли этот путь морально правильным.

Многим не хватает силы воли и выдержки, чтобы преодолеть трудности, которые могут возникнуть на их пути.

Их чувства переменчивы: в один день они в восторге, а через месяц могут полностью потерять интерес.

Людей с числом 3 привлекает то, что они всегда начинают все сначала.

Если у них сохраняется интерес к чему-либо, они будут вкладывать в это все свои умственные способности и навыки, но долго поддерживать этот интерес они не смогут.

Рутина их утомляет, а когда они меняют свои интересы, то снова становятся увлеченными.

В любви с ними происходит то же самое. Личность 3 - нарциссическая, и им трудно поддерживать стабильные отношения.

Они соблазнительны, сердечны, харизматичны и дружелюбны. Если они хотят кого-то покорить, то им это удается, так как человек не сможет устоять перед их привлекательными методами обольщения.

Обычно они влюбляются с первого взгляда и чувствуют, что человек, которого они нашли, - их вторая половинка.

Они чувствуют это, и к началу отношений уже думают о свадьбе и детях. К сожалению, этого не происходит, потому что влюбленность исчезает до того, как они доходят до алтаря.

Они склонны к раздвоению личности. С одной стороны, они стараются сохранять внешность, выглядеть уверенными в себе, заботятся о своем имидже. С другой стороны, они испытывают внутреннюю неуверенность и страх, что кто-то может их разоблачить.

Они руководствуются своей интуицией: если они кого-то обидели, то искренние извинения не помешают.

Значение числа 4

Число 4 символизирует силу воли. Людям с числом 4 свойственно путать упорство с упрямством.

Они склонны отстаивать свое мнение перед другими и будут продолжать его отстаивать, даже если доказательства будут доказывать их неправоту.

Им трудно признать, что они не правы, и они почти никогда не признают своих ошибок.

4 отличаются ответственностью. Благодаря этому качеству они достойны восхищения на работе. Если им нужно закончить работу, они могут не спать всю ночь, чтобы выполнить ее в срок.

На работе или в любой другой деятельности, которой они занимаются, у числа 4 будет отличная посещаемость.

Вы не пропустите ни одного из своих обязательств ни по какой причине, единственное, что может помешать Вам это сделать, - серьезная болезнь.

Дома и в отношениях с партнером люди с числом 4 - трудные люди, потому что они преувеличивают ситуацию и склонны тонуть в стакане воды. Они создают проблемы из-за пустяков, что очень беспокоит их семейный круг. Такие вспышки плохого настроения длятся недолго, и число 4 быстро приходит в себя и забывает о случившемся.

Они оптимистичны и саркастичны, обладают большой быстротой ума и чувством юмора, которое веселит их друзей.

Они аналитически оценивают характер других людей и могут заметить недостатки, которые люди хотят скрыть. Число 4 трудно обмануть, а те, кто пытается это сделать, становятся жертвами их сатиры.

Человек с числом 4 вряд ли придет на вечеринку и останется незамеченным, поскольку его чувство юмора и общительность сделают его центром внимания.

Из негативных аспектов можно отметить, что число 4 обычно имеет моменты грусти, во время которых оно негативно фокусирует свою энергию.

Обычно он посвящает эти меланхолические минуты анализу своей жизни, но из-за душевного *состояния и отсутствия энтузиазма в итоге оказывается недоволен собой и своей жизнью.*

В эти моменты он уединяется и ни с кем не обсуждает свои размышления. Ему нравится показывать себя уверенным и оптимистичным человеком и скрывать свою неуверенность.

Значение числа 5

В нумерологии число 5 известно как специалист-отшельник.

Люди с этим числом воспринимают жизнь как захватывающее приключение.

Они аналогично и логичны, любят открывать тайны всего, что происходит вокруг. Невежество и недостаток знаний их беспокоят.

Интеллект для них - лучшая добродетель. Они гениальны и знают это, поэтому немного высокомерны, любопытны и стремятся к расширению своих знаний.

Как правило, это меланхоличные и интроверты люди. Однако они умеют слушать других и давать советы.

Их цель в жизни - учиться, а деньги для числа 5 - лишь средство для путешествия или для того, чтобы выиграть время и спокойно посвятить себя изучению интересующих их предметов. Разбогатеть никогда не будет их целью, их энергия будет направлена на что-то более высокое.

Они не очень общительны, иногда даже самые близкие друзья часто считают их неизвестной величиной. Для числа 5 важно оберегать свою личную жизнь, держать эмоциональную дистанцию с окружающими, так как это позволяет им чувствовать себя защищенными. Кстати, они изолируют себя от людей, которые составляют их ядро.

Число 5 — это интеллектуальные люди, но они также могут посвятить себя религиозной жизни.

Некоторые из них - интроверты и любят одиночество, как никто другой. Им не нравится, когда их мучают, и они любят, когда уважают их личное пространство.

Они домоседы, всегда устанавливают крепкие и прочные дружеские связи, но не будут вести столь активную социальную жизнь.

Они обладают невероятным воображением и интеллектуальными способностями. Они любят использовать свое время с максимальной пользой, потому что для них развлечения — это способ потратить его впустую. Если бы это зависело от них, они бы посвящали учебе каждую минуту своей жизни.

Число 5 испытывает потребность в привязанности и чувстве любви, но не знает, как об этом попросить и как найти подход к другим людям. Они отключены от своих эмоций, и их собственные чувства им чужды, как будто их испытывает кто-то другой.

Они эгоистичны в отношении денег, но это не означает, что они стремятся к накоплению богатства, скорее, они предпочитают управлять своими ресурсами, чтобы иметь душевное спокойствие и возможность посвятить свои интеллектуальные способности тем вопросам, которые их действительно интересуют.

Когда кто-то обижает число 5, он не будет отвечать оскорблениями или дракой, но если обида велика, то число 5 перестанет испытывать привязанность к своему обидчику. Когда число 5 теряет к кому-либо признательность, это происходит навсегда. Они непримиримы и не прощаемы.

Люди с числом 6 внешне выглядят спокойными. Но это только фасад, потому что внутри их часто мучают экзистенциальные проблемы и страхи.

Они испытывают постоянное чувство опасности, которая может существовать на самом деле или быть плодом их воображения. Они могут испытывать глубокий страх перед переменами, ошибками, одиночеством, предательством.

Они страдают от неуверенности в себе и недостатка уверенности. Они считают, что не способны справиться с конфликтными ситуациями, и это их пугает.

Несмотря на свою застенчивость, они хорошо общаются в обществе. Однако они склонны чувствовать, что за ними следят и преследуют, поэтому не доверяют никому. Они сомневаются в намерениях людей, и иногда такое отношение приводит их к самоизоляции.

Люди с числом 6 не терпят путаницы, связанной со сентиментальной сферой, они четко говорят о своих чувствах и ждут того же от своих партнеров. Они слишком стараются быть добрыми и вежливыми.

Число 5 обладает двойственным характером, его внутренний мир совершенно не похож на тот, который он демонстрирует внешне.

Представителям числа 6 трудно познать себя, они нестабильны и будут переходить от преувеличенного оптимизма к драматическому пессимизму, они не умеют находить равновесие.

В отношениях они колеблются из одной крайности в другую; встретив понравившегося человека, они сразу же считают его лучшим другом на свете. Однако со временем они разочаровываются и отдаляются от него.

В детстве люди с числом 6 испытывали страх перед авторитетными людьми, большинство из них воспитывались собственниками, которые усиливали в числе 6 эту неуверенность.

Став взрослыми, они пытаются компенсировать это чувство незащищенности, формируя сентиментальные отношения с человеком, который может дать им возможность почувствовать себя эмоционально защищенными.

Когда дело доходит до принятия решения, номер 6 не желает высказывать свое мнение или принимать решение по какому-либо вопросу. Если его заставляют высказать свое мнение, он вряд ли покажет, что чувствует на самом деле, если только не находится в кругу людей, которым доверяет.

На работе они энергичны и работоспособны. Они умеют концентрироваться.

Они могут продвигаться по службе и занимать важные должности, поскольку ориентированы на детали и настойчивы.

Они могут работать в команде и беспрекословно выполнять приказы.

Они внимательны к членам своей семьи и легко проявляют свою привязанность.

Значение числа 7

Число 7 - самое духовное число. Эти люди обладают огромной интуитивной способностью.

Их мучает ощущение, что они не пользуются жизнью. Им необходимо жить, постоянно получая новые впечатления, благодаря которым они могут учиться и пополнять свои знания. Они любят путешествовать, знакомиться с другими культурами, изучать новые языки и сделают все возможное, чтобы удовлетворить свою тягу к приключениям.

Как правило, у людей с числом 7 было детство, в котором их интеллектуально стимулировали, они научились самостоятельно мыслить и иметь очень здравые суждения.

Они любят сближаться с людьми и устанавливать постоянные связи. Дружба для числа 7 - дело серьезное, друзей у него немного, но дружбу он сохраняет на всю жизнь.

Они поддерживают друг друга и сострадают. Они сопереживают и ставят себя на место *другого. Как правило, они занимаются какой-либо благотворительной деятельностью.*

Число 7 нелегко обмануть, поскольку благодаря своей интуиции они без труда распознают зло, фальшь и дурные намерения. Они хорошо выбирают людей в свое окружение, им нравятся альтруисты и они держатся подальше от бесчувственных и эгоистичных людей. За такое отношение к делу они заслужили репутацию высокомерных.

Им нравится баланс между общественной жизнью и временем, которое они проводят в одиночестве, размышляя о своих обстоятельствах.

Число 7 утопично; они начинают дела, которые никогда не заканчивают, или строят планы, которые никогда не осуществляют. В результате они, скорее всего, будут страдать от пессимизма.

Они руководствуются своей интуицией. Они экстравертны и веселы. Одиночество никогда не согласуется с числом 7 и вызывает изменения в их темпераменте.

Для всех людей с числом 7 характерна обучаемость и интроспективность. Они любят анализировать знания и по-новому смотреть на открывающиеся им темы.

Они увлечены интеллектуальными дискуссиями, в которых могут отстаивать свою точку зрения и в то же время выслушивать мнение других.

В детстве человека с числом 7 учили тому, как преодолевать страхи, используя свое воображение. Обычно люди с этим числом не имеют хороших отношений с родителями и бунтуют против родительского авторитета. Когда они хотят, то могут быть совершенно очаровательными и завоевать симпатию любого человека.

Люди с числом 8 отличаются повышенной чувствительностью. Из-за этой чувствительности они впечатлительны. С ними следует обращаться деликатно, так как их можно легко ранить.

В социальной сфере их отличает отзывчивость, харизма, быстрота мышления. Они привлекательны своими манерами и образованностью.

Они несколько суровы в оценке других. Они склонны с пониманием относиться к своим ошибкам, но жестко и требовательно - к ошибкам других.

Они не приемлют, чтобы кто-то указывал на их ошибки, и почти не оставляют незамеченными ошибки других. Поблажки законны только для них самих. Они могут быть немного жестокими.

Число 8, как правило, обладает очень высокой самооценкой и проявляет ее в язвительных комментариях.

На работе они не умеют работать в команде, бунтуют и порождают множество конфликтов. Они склонны к жалости к себе и считают себя самыми несчастными и неудачливыми людьми на планете.

Они очень непостоянны в настроении, в один день они могут быть очень заинтересованы чем-то или кем-то, а на следующий день полностью потерять интерес. В любви они могут быть очень ласковыми в один момент, а в другой - совершенно равнодушными. Они любят, чтобы их желания исполнялись, и для этого они используют свои слова, так как являются прекрасными ораторами и легко убеждают любого.

Их поведение зависит от удобства. Они бунтуют без причины и не любят подчиняться приказам. Однако, если им это удобно, они будут вести себя как самые послушные люди на свете.

Любители денег, число 8 живет комфортно, без экономических проблем. Они бережливы и являются хорошими менеджерами.

Если кто-то обижает их, а это легко, они становятся мстительными и не останавливаются, пока не почувствуют, что им отплатили добром. Однако с людьми, которым они доверяют, они чутки и всегда готовы прийти на помощь своим близким.

Люди с числом 8 не меланхолики и гораздо менее рефлексивны. Они предпочитают наслаждаться радостями жизни без философских и экзистенциальных проблем. В общении с окружающими они обычно обладают жизнерадостным характером.

Значение числа 9

Люди с числом 9 психически независимы и страдают, если чувствуют принуждение.

Их характер очень оптимистичен, им удается во всем найти положительную сторону, независимо от драматизма ситуации.

Они прямы и честны, а если в их подчинении находится персонал, то они принимают беспристрастные решения. Эта характеристика быстро завоевывает уважение подчиненных.

Они ненавидят предательство, и если они кого-то предали, то никогда этого не простят. Это люди, которые умеют говорить так, чтобы никого не обидеть. В обществе их отличают блестящие ответы.

Они наблюдательны и ориентированы на детали. Они знают, кому можно доверять, а кому нет, хотя никогда и ни к кому не отнесутся плохо.

У них никогда не бывает плохого настроения, их характер жизнерадостный, поэтому все хотят быть рядом с ними.

Грех числа 9 - лень. Они не активны, любят спать и отдыхать, ничего не делая. Они не подозрительны и легко поддаются чужому влиянию.
Они не очень четко формулируют свои цели и поэтому позволяют себе увлекаться чужими идеями. Иногда они безответственны, увлекаются эмоциями и не думают о последствиях.

Обычно им везет, но по невнимательности они упускают возможности, которыми другие числа мгновенно воспользовались бы.
Они боятся трудностей, убегают от них, когда они возникают, и не способны противостоять сложным ситуациям.

В любви число 9 может быть склонно к преувеличению чувств, но оно страстно.

Пессимизм окружающих их людей не влияет на них, поскольку их оптимизм противостоит любой ситуации.
Они не злопамятны, быстро забывают обиды. У них благородное сердце и душа.

Они щедры и всегда готовы оправдать недостатки других, они не требовательны к окружающим.

Они часто отказываются от своих собственных желаний, чтобы соответствовать ожиданиям, которые возлагают на них другие. Они не бойцы, поэтому легко сдаются.

Как рассчитать номер пункта назначения или номер экспресса

Ваше число Судьбы или Выражения рассчитывается на основе вашего имени и фамилии. Это число показывает ваши таланты, дары и слабые стороны.

Он рассчитывается по полному имени, если у Вас два имени, то необходимо использовать их, а также избегать сокращений. Каждой букве Вашего имени необходимо присвоить номер, используя следующую таблицу:

1 - A, J, S

2 - B, K, T

3 - C, L, U

4 - Д, M, B

5 - E, N, W

6 - F, O, X

7 - G, P, Y

8 - H, Q, Z

9 - I, R

Примечание: для следующих букв: "CH" использует C = 3 и H = 8. "LL" - как две L, т. е. 3–3, а "Ñ" - 5, как N

Определив числа, соответствующие каждой букве Вашего имени, Вы должны сложить их и сократить до одной цифры.

Не забудьте указать фамилии. Единственные числа, которые нельзя сокращать, — это 11 и 22, поскольку они являются основными.

После перевода имени и фамилии в однозначное число необходимо сложить их и уменьшить до одной цифры. Это и будет ваше число выражения.

Для нашего друга Хуана Карлоса Паю это будет выглядеть следующим образом:

1+3+1+5+3+1+9+3+6+1+7+1+3 = 44

27 является составным числом и должно быть упрощено:

4 + 4 = 8

Номер экспрессии Хуана Карлоса Паю - 8.

Значения чисел назначения или выражения

Выражение или номер назначения 1

Вы независимы и страстны. Вы можете влиять на эмоции окружающих Вас людей. Вы число один, поэтому являетесь лидером в своем роде, поскольку обладаете магнетической аурой авторитета. Обладатели этого числа экспрессии иногда тщеславны и самодовольны, их самосознание напряжено, и когда окружающие не соответствуют их интересам или не оправдывают их ожиданий, они погружаются в пессимизм и меланхолию.

Номер выражения или Назначение 2

Они беспечны, небрежны и апатичны. Обладают острым чутьем. Они великодушны, и грубые слова их раздражают. При возникновении конфликтов они становятся раздражительными и расстроенными. Они общительны и любят своих друзей.

Выражение или номер назначения 3

Это духовные мечтатели, щедрые, экспрессивные и восторженные люди. Они способны оказывать влияние на окружающих. Они дружелюбны, обладают прекрасным интеллектом и способностью к самовыражению, смело и творчески встречают конфликты.

Выражение или номер назначения 4

Эти люди организованны и методично разрешают конфликты. Они любят музыку и искусство. Они наслаждаются отношениями, любовь для них - самое возвышенное, что есть во Вселенной. Им можно доверять с закрытыми глазами, но иногда они бывают очень упрямы и непримиримы.

Выражение или номер назначения 5

Эти люди любят перевоплощаться, любят быть независимыми, всегда стремятся к новым впечатлениям и вызовам. Они пользуются обстоятельствами и наслаждаются жизнью в полной мере. Иногда они бывают неосторожны и совершают ошибки, но благодаря своему мастерству быстро выходят из затруднительных ситуаций.

Номер выражения или Назначение 6

Это обаятельные, добрые, отзывчивые и сопереживающие люди. Иногда они склонны больше заботиться о других, чем о себе. Они честны и законопослушны. Это очень

*справедливые люди. Они обладают способностью
к исцелению и творчеству.*

Выражение или номер назначения 7

*Они умны, остроумны, проницательны, обладают
огромной жаждой жизни, которая побуждает их
заглядывать во все известные и неизвестные
области. Они скрытны в своих мыслях и
наклонностях. Некоторые из них скептичны и
одиноки.*

Номер выражения или назначения 8

*Эти люди обладают невероятным потенциалом.
Если они ставят перед собой цель, то добиваются
ее, так как они агрессивны в своих стремлениях.
Изобилие, благополучие, счастье и удача всегда
присутствуют в их жизни.*

Выражение или номер назначения 9

*Люди с этим числом обладают удивительной
целенаправленностью и человечностью. Их
интересы и взгляды всегда направлены на то,
чтобы привнести изменения, которые принесут
пользу всему миру. Они не любят осуждать, так
как верят, что во всех душах есть искра добра и
любви.*

Мастер-номера выражения или назначения

Выражение или номер назначения 11

Люди с этим числом - старые души, прожившие бесчисленное количество воплощений. Они с энтузиазмом относятся ко всему, что делают. Они чувствительны к окружающей среде, поэтому должны защищать себя от черной магии и негативных энергий.

Выражение или номер назначения 22

Ваши возможности делают вас достойным доверия. Это число представляет тех людей, которые понимают, что мы пришли на эту планету, чтобы развиваться. Их легко расстраивает отсутствие ценностей у человеческих существ.

Выражение или номер назначения 33

Это строгие, но ласковые люди. Они лидеры от рождения. Они обладают магнетической аурой, которую можно почувствовать, находясь в их присутствии. Они могут браться за большие проекты, какими бы сложными они ни были. Они всегда готовы помочь всем нуждающимся, избегают конфликтов и любят мир. Они не любят общаться с агрессивными людьми, потому что их личность миролюбива. Они умеют убеждать.

Числа кармических долгов

Номера кармических долгов содержат высокую концентрацию кармических событий прошлого, результаты которых продолжают ощущаться в этих жизнях. Полезно знать, как эти числа вредят этим людям и как они могут преодолеть эти трудности. Эти числа могут разрушать вибрации, поскольку содержащийся в них духовный и кармический мусор имеет уникальное выражение.

***Числа кармических долгов - 13, 14, 16 и 19**, и на их появление в результатах перед упрощением окончательной суммы следует обратить пристальное внимание из-за вредных последствий, которые они могут вызвать.*

Люди с числом кармического долга — это благословенные и избранные люди, потому что, преодолевая эти трудности, они развиваются по-другому, приобретают духовные силы, и это отличает их от других.

Кармический долг № 13
Эти люди не должны разочаровываться, поскольку разочарования, огорчения, потери - основа их обучения.

Люди с кармическим долгом № 13 сталкиваются со многими препятствиями и бесчисленными неудачами из-за своих эгоцентричных поступков в прошлом.

Чтобы добиться успеха, кармический долг № 13 должен быть настойчивым, бороться за свою мечту, обладать дисциплиной и никогда не идти неэтичными путями к успеху.

Кармический долг номер 14

Люди с кармическим долгом № 14 большую часть жизни проводят в кризисе, эти кризисы угнетают их, но они могут их преодолеть, если используют свою душевную силу.

Эти люди притягивают к себе множество проблем. Они злоупотребляли своей властью и свободой в других жизнях, поэтому в этой жизни они попадают в трясину секса, наркотиков и алкоголя. Они склонны предаваться порокам и негативно использовать свою свободу воли. Если они будут контролировать себя и проявлять дисциплинированность, то смогут достичь своих целей. Они должны быть организованными и целеустремленными, чтобы добиться желаемого.

Кармический долг номер 16

Эти люди стремятся к тому, что им не предназначено, и тратят на это много времени. Когда они терпят неудачу, то чувствуют себя несчастными, потому что эти цели были пустой тратой времени и бессмысленной борьбой. Люди с кармическим долгом номер 16 насквозь скованы заблуждениями и иллюзиями. Они должны использовать эти трудности как точки метаморфозы. Они должны успокоить свой беспокойный и тревожный ум, выйти из мира иллюзий и постараться быть смиренными.

Кармический долг номер 19

Эти люди столкнутся с многочисленными разлуками. Это может быть круг друзей, близких или отрыв от своих целей. Эти люди должны стараться не изолировать себя.

Люди с кармическим долгом № 19 с детства вынуждены быть независимыми, эта независимость заставляет их считать, что быть независимыми — это обязательное условие. Став взрослыми, они стремятся быть одинокими и отказываются от любой помощи.

Феномен видения повторяющихся чисел.

Мы окружены числами, соприкасаемся с ними ежесекундно, но иногда нам кажется, что какие-то числа преследуют нас, и куда бы мы ни посмотрели, мы видим их повторяющимися: на часах, компьютерах, автомобильных номерах, телевизорах, чеках на покупки и даже во сне. Нет такого понятия, как совпадение, есть синхронность, и это явление называется числовой синхронностью.

Возможно, в прошлом это было редкостью, но с каждым днем все больше и больше людей становятся свидетелями этого явления, и многие ставят под сомнение устоявшиеся модели, пытаясь найти для них обоснованный ответ.

Специалисты в этой области подтверждают, что эта тайна вместе с более высоким глобальным сознанием порождает новые ощущения, заставляя многих людей духовно развиваться. Такое проявление многократного видения чисел также можно отнести к знакам. Почти у каждого из нас есть числа, которые мы считаем удачными или предпочтительными, и может случиться так, что мы вдруг увидим это число повсюду. Получение такого рода посланий, чаще всего скрытых для наших глаз, но не для нашего разума, свидетельствует о том, что мы можем воспринимать другие реальности.

От древности до наших дней священная наука нумерология сохранила свою значимость. Числа открывают возможности для роста, учат жизни и наставляют в каждом опыте.

Некоторые люди видят числовые последовательности тех или иных значимых событий. Но наиболее распространенными числовыми закономерностями являются 11:11, 222 и 333. Все эти числа, согласно астрологии и нумерологии, являются мастер-числами с уникальным значением, представляющими различные аспекты внутреннего "я", от личности до духовности, эти числа влияют больше других и поэтому привлекают наше внимание.

11:11 - Внимательно следите за своими мыслями и думайте только о том, чего вы хотите, а не о том, чего не хотите. Эта последовательность - знак того, что открывается возможность, и ваши мысли очень быстро материализуются.

222 - Наши недавно посаженные идеи начинают воплощаться в жизнь. Продолжайте лелеять их, и вскоре они проявятся. Другими словами, не сдавайтесь за пять минут до того, как произойдет чудо.

333 - Вознесенные Владыки находятся рядом с Вами, желая, чтобы Вы знали, что у Вас есть их помощь, любовь и дружеское участие. Призывайте Вознесенных Владык почаще, особенно когда видите, что вокруг вас формируются узоры с числом 3.

Эти фигуры повышают уровень осознания и восприятия, поскольку предлагают нам канал связи с подсознанием.

Это явление происходит неожиданно, но в точный момент и возникает не просто так, иногда меняя направление нашей жизни и влияя на наши мысли. Когда у Вселенной есть для нас послание, это один из способов привлечь наше внимание. Мы должны оставаться восприимчивыми к окружающему нас миру, потому что числа — это язык природы, и все, что нас окружает, может быть представлено в виде чисел.

"Все во Вселенной математически точно, и каждое число имеет свою энергию, вибрацию и значение. Расположение чисел в последовательности имеет особый смысл". Пифагор

Нумерология для детей, родившихся в 2024 году

Дети номер 1

Это будут дети с лидерскими качествами. У них будет врожденная способность вести переговоры, контролировать и управлять людьми и проектами.

Дети номер 2

Это будут расчетливые и властные дети. У них будет позитивное отношение к жизненным трудностям и большая уверенность в себе.

Малыши №3

Это будут очень справедливые, разумные и спокойные дети.
Эти дети всегда будут отстаивать справедливые цели. Они очень проницательны и обладают повышенным уровнем осознанности.

Дети номер 4

Это будут дети, которые всегда будут искать вызовы, не будут бояться препятствий, потому что эти неудачи сделают их сильнее.

Малыши №5

Это будут дети с финансовыми навыками, они не будут материалистами. У них будут отличные навыки управления деньгами и ведения бизнеса. У них могут быть способности к математике.

Малыши №6

Это будут дети, которые будут бороться за сохранение баланса между материальным и духовным миром. Они всегда будут стараться поддерживать гармонию между работой, общественной и личной жизнью.

Дети номер 7

Они будут ответственными и дающими детьми. Эти дети будут умными, они будут стремиться помогать другим. Они также будут очень духовными.

Малыши №8

Эти дети будут очень стабильными и самоконтролируемыми. Они будут организованными, стабильными и очень благополучными.

Дети номер 9

*Это будут волевые дети.
Очень трудолюбивы и ориентированы на достижение целей. Они независимы и обладают невероятной силой решимости.*

Определение личного года

Наверное, каждый раз, когда начинается год, вы задаете себе вопросы и записываете цели, не зная, какие задачи ставит перед вами новый год.

Когда начинается год, закрывается глава в нашей жизни, но начинается цикл, который бросает нам вызов, потому что мы не уверены, что все наши мечты могут осуществиться.

Что ждет меня в новом году? Куплю ли я дом, найду ли нового партнера, сменю ли работу? Подходит ли этот год для того, чтобы завести детей?

Важно иметь открытый ум, когда мы так неуверенно воспринимаем все новое и необычное. Но с помощью нумерологии мы можем использовать наш личный год и получить представление о том, как все может быть.

Универсальный номер года отличается от других тем, что он не зависит от вашего имени и даты рождения. Первые две цифры номера года символизируют баланс данного столетия. Третья цифра номера года символизирует ритм десятилетия. Четвертая цифра не имеет конкретного значения.

Как рассчитать свой персональный год.

Вот пример:

Хуан Карлос родился 7 декабря 1965 года.

*Чтобы узнать свой личный год 2024, сделаем
такой расчет:*

**7 (день рождения) + 1+2 (месяц рождения) + 2 +
0 + 2 + 2 + 4(начальный год) = 18 (1 + 8) = 9**

Для Хуана Карлоса 2024 год — это личный год 9.

*Это число имеет большое значение, особенно если
результатом является одно из главных чисел: 11,
22, 33.*

*Личный год описывает то, что вы должны
сделать в этот период. Это будут варианты,
изменения или усиления, которые обогатят ваш
путь.*

Год Персонал 1

Ключевые слова для Года 1*: трансформация, исследование, вовлечение.*

В вашей жизни начинается новая глава. Скорее всего, вы переедете, получите новую работу или встретите новых людей, которые навсегда изменят вашу жизнь.

В этом году вы заложите основу для новых проектов и идей. Это этап, когда Вы будете заново рождаться. Вы должны рассматривать этот год как идеальное время для изменения различных аспектов вашей жизни, есть вещи, которые больше не работают на вас, и вы должны отпустить их.

Этот год предлагает Вам набраться смелости и попытаться осуществить свои мечты, у Вас действительно появится энтузиазм для осуществления перемен. Наберитесь смелости и изучите новые возможности и взгляды, которые помогут вам изменить направленность вашей жизни.

2024 год — это личное приглашение довериться, задуматься о том, чего вы хотите, сделать объективный выбор и решить, в чем вы хотите преуспеть. Постарайтесь выбрать то, что действительно делает вас счастливыми.

Начните с составления каталога вещей, которые вы хотите изменить, включая улучшения в повседневной жизни, например изменение привычек питания или физические упражнения. Помните, что для того, чтобы начать что-то делать, необходимо последовательно и решительно это планировать.

Этот год - прекрасная возможность завершить цикл, оставить позади все, что не приносит вам пользы. Сосредоточьтесь на том, что поможет вам расти, развиваться или учиться. Не бойтесь отпустить то, что было полезно в прошлом.

Вам нужно забыть прошлое и смотреть в будущее. Произошло слишком много событий, которые могли запутать ваш разум, и эти события мешают вам выйти на пути, ведущие к счастью.

Если у вас есть бизнес и проекты, стремитесь к тому, чтобы они развивались, не форсируя события. Постарайтесь придать всему ритм.

Старайтесь не приобретать новые долги.

Жизнь вознаградит вас.

Персональный год 2

Ключевые слова для второго года обучения:
ответственность, гармония, стабильность.

В этом году вам следует продолжить строительство. 2024 год позволит Вам встретить наставников, учителей или даже партнера. Энергии года направлены на сотрудничество и терпение.

Начинается фаза развития, и вы должны воплотить свои инициативы в жизнь. Второй год может показаться медленным, но это период определения своих целей.

Вероятно, Вы столкнетесь с препятствиями или людьми, которые попытаются ограничить Ваш путь, поэтому важно не перегружаться и не тревожиться. Не стоит беспокоиться о том, что мешает Вашим начинаниям, это просто естественное обустройство и часть процесса Вашего роста.

Вы должны научиться быть более дипломатичными и тактичными. Может показаться, что люди хотят отвлечь Вас, но это не должно ограничивать Вас в приобретении новых друзей.

Если при вычислении сумма оказалась равной 11, значит, вы достигли своего момента, чтобы дышать, развиваться и становиться сознательным.

Наступает год благословений. Постарайтесь избавиться от всех токсичных людей, если хотите, чтобы год был благополучным, не доверяйте никому.

В 2024 году у вас появится возможность отбросить прошлые заботы и с большим энтузиазмом взяться за управление своей жизнью.

Жизнь подарит вам совершенно новые планы и даст возможность построить свое будущее, если вы оставите прошлое позади. Это год, когда нужно думать о себе, разрушать границы и не заниматься само саботажем.

Нужно иметь мужество и смотреть на жизнь с позитивом.

Персональный год 3

Ключевые слова для третьего года обучения:
Ловкость, Творчество, Информация

В этом году Вы будете искать способы поделиться своей мудростью с миром. Вы почувствуете себя частью большого целого и получите большое удовлетворение и удовлетворение.

Вам необходимо избавиться от накопившегося чувства ограничения. Единственный способ добиться результатов в этом году - позволить своему творчеству проявиться. Отпустите жесткость, дайте волю своему воображению. Вы должны пройти лишнюю милю.

Найдите новое хобби, измените свои привычки, начать реализовывать новые идеи и решения проблем, возникающих на этом пути.

Вам придется очень много работать, но вы сможете укрепить свои индивидуальные связи и сформировать более формальные отношения. Эти связи будут подвергаться испытаниям, некоторые отношения Вам не подходят. Возможно, они доставляют Вам массу удовольствия, но имеют темную сторону. Постарайтесь установить общие цели с теми, кого Вы любите.

В течение этого года следует более внимательно относиться к своему питанию и отдыхать, так как уровень энергии будет низким.

Персональный год 4

Ключевые слова для четвертого года:
обновление, восстановление, инновации,
ассертивность.

*В этом году вы должны много работать и быть
организованными. Если вам удастся оставаться в
настоящем, вы сможете достичь желаемого.
Сейчас самое время подумать и проанализировать
свои личные цели. Вам необходимо разработать
план, чтобы достичь чего-то конкретного и
хорошо структурированного.
Постарайтесь подумать о своем будущем,
постарайтесь взять на себя всю
ответственность и тщательно организовать все
свои проекты. Вы можете быть немного
самокритичны, и это может привести к тому,
что Вы будете твердо отстаивать свои взгляды,
станете более решительным и боевым. Это
позитивно, так как позволит Вам замечать все
изменения, происходящие в Вашем окружении.
Все вышеперечисленное неизбежно окажет
положительное влияние на ваши семейные
отношения и близкую дружбу. Вы станете более
напористым, что положительно скажется на
ваших личных отношениях.
Если вы организуете себя, то это будет год
процветания, изобилия и побед. Верьте в себя,
потому что вы сможете вернуть себе энтузиазм
и жить с иллюзией.*

Инертность - ваш злейший враг в этом году, так же, как и негативные мысли. Судьба предоставляет Вам возможность достичь всего, о чем Вы мечтаете, смело боритесь за эти мечты.

Персональный год 5

Ключевые слова для пятого года обучения: *характер, воля, усилия, смелость, мужество, ратификация, признание, визуализация.*

Год, в котором вас ждет множество приключений, эмоций и возможность посадить семена с намерением добиться успеха.

Пятый год для Вас — это как инъекция энтузиазма, плана, потому что это год многих перемен. Вы должны быть готовы к некоторым непредвиденным обстоятельствам. Постарайтесь быть восприимчивыми ко всем возможностям и ко всем вызовам.

Вы должны обладать ясностью ума, быть осторожным и никогда не недооценивать свой потенциал.

Старайтесь расширять круг своих друзей, поддерживать здоровый имидж в обществе, внимательно относитесь к контрактам, которые вам приходится подписывать.

Заботьтесь о себе, потому что так вы добьетесь успеха, которого заслуживаете. Выработайте привычки, которые позволят вам обеспечить свое процветание на долгие годы. Просчитывайте риски и выбирайте идеальные возможности, когда они перед вами открываются.

Не спешите и действуйте разумно, всегда думая о том, что лучше для вас в долгосрочной перспективе. Забудьте о немедленных результатах и смиритесь с тем, что все требует времени, и не всегда можно ожидать, что это произойдет тогда, когда вы этого хотите.

Персональный год 6

Ключевые слова для шестого года обучения: *реорганизация, возрождение, реформа, замена, манифестация, распространение, передача, информирование, участие.*

В 2024 году у вас есть возможность залечить душевные раны и освободиться от всех подавленных эмоций, которые дремлют в вашем подсознании.

Вы будете очень сосредоточены на своем доме и семье. Это идеальное время для создания более стабильной и гармоничной обстановки в Вашем окружении.

Главное, чтобы в этом году вы научились делиться всем тем, что получили в изобилии. Также необходимо избегать импульсивных действий, чтобы не наделать ошибок.

Всегда поступайте этично, старайтесь сохранять спокойствие и быть уверенными в

своих решениях. Вы увидите невероятные
результаты, и все это благодаря вашей смелости.
Все, что было парализовано, вдруг начнет течь, и
вы почувствуете себя освобожденным.
Возможно, в некоторые периоды вы будете
ощущать нестабильность, но это необходимо для
того, чтобы вырваться из рутины.
У вас будут возможности для путешествий,
развлечений и борьбы с излишествами любого
рода.

Персональный год 7
Ключевые слова для седьмого года обучения:
исследование, наблюдение, проверка, контроль,
превращения, метаморфозы.

В течение этого года вас ожидает множество
перемен. Эти перемены могут быть связаны с
дружбой, отношениями, работой и домом.
Есть вероятность, что вы встретите кого-то
важного, кто поможет вам продвинуться в
вашей профессии, или, возможно, вы обручитесь.

Это "скобочный" год, поскольку вы остановитесь
на
ценить все, что вы сделали. Вы должны
отпустить все, что не работает, будь то
предметы или отношения.

Для этого необходимо отточить свои аналитические способности и не бояться спокойно провести тщательный анализ того, что вас ограничивает.

Благодаря этим очистительным процессам ваши отношения будут обсуждаться. Через сравнение вы устраняете ошибки и заблуждения.

Вас будут привлекать эзотерические темы, но вы будете расти духовно. Не забывайте, что каждый приходит в эту жизнь с другим контрактом, чем вы, и не судите о пути других. Каждый находится там, где ему суждено быть.

Персональный год 8

Ключевые слова для 8 года: *Успех, Эволюция, Восстановление, Трансформация, Реабилитация, Реконструкция, Процветание.*

Много изобилия и успеха на вашем пути. Вы будете чувствовать себя благословленным всеми возможностями, которые откроются перед Вами. Этот личный год связан с кармой, поэтому, если вы действовали хорошо, вас ждут дивиденды. Это будет важный год, в котором Вы будете очень заняты.

В этом году вы должны поставить каждую деталь на свое место. Пришло время принимать решения, размышлять и выбирать, чего и кого вы хотите для своей жизни.

Вы почувствуете себя более уверенно и будете обладать большими умственными способностями, чтобы противостоять трудностям. Вам стоит рискнуть и начать обучение, которое поможет Вам продвинуться в профессии.
Вам захочется насладиться моментами уединения в сопровождении своих мыслей, вдали от суеты и шума социальных сетей. Следует практиковать медитацию в сочетании с дыхательными техниками.
Не придавайте большого значения лишним делам и токсичным людям.

Персональный год 9

Ключевые слова для 9-го года обучения:
преодолеть, завершить, заключить, достичь, воспринять, постичь, быть наставленным, быть обученным, изучить, пережить, Углубиться.

Этот год будет трудным, если вы сопротивляетесь переменам. Это год завершения. Выбросьте все ненужное и держитесь подальше от энергетических вампиров.

Окружайте себя людьми, которые несут вам знания и добрую энергию. Защитите себя от черной магии. Организуйте свой дом, выбросьте то, чем не пользуетесь, сломанные вещи, потому что таким образом вы освобождаете место для нового.

Вы должны решить, чего вы действительно хотите в своей жизни, судьба будет кричать вам в уши, чего вы действительно хотите и готовы ли вы бороться за это.

Обязательства в этом году — это обязательства перед самим собой, вы должны.
откажитесь от своих страхов и неуверенности, потому что в этот период вам следует быть внимательными и не жаловаться так часто.

Ваше число души. Как его рассчитать

Число души проявляет ваши желания, удовлетворения, увлечения, заботы, тревоги и дискомфорт.

Душа — это духовная часть, которая есть у каждого из нас. Вместе с разумом и телом душа составляет человеческое существо. В нумерологии душа связана с числом, которое называется: число души.

Это число образуется из гласных букв имени при рождении и представляет внутреннее "я".

Если вы хотите рассчитать свое число души, необходимо определить гласные буквы своего полного имени. Не забудьте указать отчество.

*Вы должны использовать гласные **A, E, I, O** U. Если случайно в вашем имени есть буква Y, то, поскольку Y выполняет функцию гласной, вы должны ее использовать. Примерами могут служить имена: Daryl, Dylan, Henry и Taylor.*

Численное значение каждой гласной следующее:
A = 1
E = 5
I = 9
O = 6
U = 3

Y = 7

После того как вы определили номер каждой гласной в вашем полном имени, следующий шаг - сложить их все и сократить до одной цифры, за исключением чисел 11 или 22, которые являются главными числами.

Значение числа души

Номер 1:

Самостоятельные души, умеющие позаботиться о себе, имеющие четкое представление о жизненных целях и задачах.

Номер 2:

Любящие, артистичные, спокойные, миролюбивые и вежливые — это душа № 2. Они также обладают большим воображением и творческими способностями.

Номер 3:

Они сильны, решительны, смелы, сострадательны, полны энтузиазма и очень оптимистичны. Они постоянно думают о будущем.

Номер 4:

Они одержимы идеей порядка, стабильности и контроля. Они часто расстраиваются, когда что-то идет не по плану.

Номер 5:

Это свободные, путешествующие души, которым нравится знакомиться с новыми людьми. Вызовы возбуждают их, и они считаются душой лидера.

Номер 6:

Любовь - их самая сильная душа, поэтому они склонны ставить интересы других на первое место по сравнению со своими собственными. Они очень уравновешены и полны гармонии.

Номер 7:

Они живут в постоянном мысленном анализе того, чего они хотят от мира и жизни в целом. Они очень талантливые художники и совсем не амбициозные.

Номер 8:

Это ведущие души или фигуры в обществе, они стремятся быть богатыми, обладать властью и высоким статусом. Их амбиции делают их лучшими в своем деле.

Число 9: это самая бескорыстная и мечтательная душа. Она харизматична, понятлива и делает мир лучше.

Номер 11:

Они креативны, артистичны и харизматичны. Они обладают экстрасенсорными способностями, так как являются одной из самых чувствительных душ.

Номер 22:

Это душа, тесно связанная с 4 (2+2=4), но добавляющая к ней такие характеристики, как честность, доброта и внимание к деталям.

Как рассчитать свой личный номер дома

Номер вашего дома открывает вам секреты использования его энергетических вибраций. Дом — это наше убежище, где живут наши мечты, наша семья и наши идеи. Все это - наши сокровища, поэтому мы должны заботиться об энергетическом потоке, который нас окружает, в частности, внутри нашего дома.

Декор, цвета, в которые мы окрашиваем наш дом, влияют на гармонию, но это не единственное, что следует учитывать. Адрес вашего дома несет в себе предсказательную информацию согласно нумерологии.

Шаги по расчету персонального номера дома

Чтобы узнать свой личный домашний номер, необходимо сложить все цифры, составляющие ваш адрес, пока не останется одна цифра.

Пример: если вы живете в доме с номером 2550, то вы должны прибавить 2+5+5+5+0= 12
1+2= 3

Если в адресе присутствуют буквы, необходимо заглянуть в алфавитную таблицу и заменить буквы на цифры.

1 (A, J, S)
2 (B, K, T)
3 (C, L, U)
4 (D, M, V)
5 (E, N, W)
6 (F, O, X)
7 (G, P, Y)
8 (H, Q, Z)
9 (I, R)

Если вы жили в доме с номером 2550, в квартире 8F, то вам необходимо сложить все цифры и буквы.

Пример: **2+5+5+0+8+6 (6 - буква F) = 26**
2+6=8.

8 будет числом, соответствующим этому дому. Помните, что если в адресе есть буквы, то это будет еще одно число, так как эти числовые значения нужно будет прибавить к предыдущему.

Значение номера Вашего дома

Номер 1

Вы должны быть очень внимательны к тому, какие энергии входят в ваш дом, потому что люди, которые посещают вас, оставляют в вашем доме плохие энергии. С соседями нужно быть осторожным, потому что они очень завистливы, им интересно, кто входит и выходит из вашего дома, и эти недобрые взгляды создают энергетический дисбаланс.

Номер 2

Это говорит о том, что счастье вашего дома заключается не в его роскоши, а в гармонии, которую вы способны поддерживать в нем. Этот дом заставит вас забыть о хаосе, который существует в мире. То, как вы общаетесь, какие слова произносите, очень важно, потому что дом — это вместилище энергий. Все запечатлено на стенах. В доме возможны несчастные случаи.

Номер 3

Номер этого дома означает энтузиазм, оптимизм, счастье. В этих домах энергия находится в постоянном движении. В этом доме вы сможете достичь своих целей и стать успешным. **Число 3 притягивает удачу, поэтому в этом доме люди всегда будут браться за новые проекты.**

Номер 4

Если ваш дом имеет это число, то долго вы в нем не проживете, скажем так, это транзитный дом. Это дом для новых начинаний, здесь вы можете создать свою семью, но гарантированно, что, когда она вырастет, вы переедете. Если вы останетесь здесь надолго, то постоянно будут возникать несоответствия, разногласия, противоречия, антагонизмы, вражда, нестыковки.

Номер 5

В этом доме всегда будут проходить вечеринки или семейные собрания. Возможно, вам не придется выполнять много конструктивных работ, но внутри дома всегда будет царить напряженная обстановка из-за множества людей, посещающих его. В этом доме никогда не будет двух одинаковых дней. Его хозяева будут самыми разными, но, если он вам нравится, и вы не хотите переезжать, вы должны постоянно заниматься его энергетической чисткой.

Номер 6

В этом доме всегда царит атмосфера добра, поэтому его следует держать освещенным. Это идеальный дом для молодоженов, начинающих свой жизненный проект. Здесь у семьи будут все условия для спокойной жизни. Кроме того, этот дом будет вызывать сострадание у живущих в нем людей.

Номер 7

Это идеальный дом для художников, так как в нем созданы благоприятные условия для творчества и размышлений. Его обитатели будут очень духовны. Для писателей и студентов он будет идеальным. Рекомендуется периодически проверять, нет ли в доме выходов энергий или концентрации плохих вибраций.

Номер 8

Это число связано с богатством, однако оно не подходит ни для создания и сохранения семьи, ни для счастливой жизни с партнером. **В этом доме все будут постоянно озабочены только деньгами и материальными вещами.** Это может создавать напряженность в доме. Для рабочего места он подходит идеально.

Номер 9

В этом доме люди могут стать немного скучными и расплывчатыми, хотя в этом доме будут присутствовать уравновешенность, справедливость, равенство и сочувствие. Это идеальный дом для социального работника или юриста. Он обладает целительными энергиями.

Нумерология и здравоохранение

Ваше личное число раскрывает слабые стороны вашего здоровья и способы его укрепления.

Сумма даты рождения и ее уменьшения до одной цифры дает ваш персональный номер. На предыдущих страницах вы узнали, как его рассчитать.

Это число раскрывает перед вами различные особенности, такие как ваша миссия в жизни, характер, слабые стороны вашего здоровья, а также то, как их следует укреплять. Числа обладают энергетическими вибрациями, связанными с людьми, и влияют на вашу жизнь.

Рассчитывая соответствующее число, обратите внимание на свои слабые стороны и на то, как их можно усилить.

Номер 1

Эти люди могут быть трудоголиками, и поэтому для них характерна постоянная усталость. Эта усталость проявляется в плечах, коленях, спине и повышении артериального давления. Таким людям необходимо ежедневно заниматься спортом и избегать стрессовых ситуаций.

Номер 2

Эти люди склонны к болям в суставах, мигреням, проблемам с пищеварительной системой. Эти состояния являются следствием подавления эмоций. Им рекомендуется высказывать все, что они думают, и не затаивать обиду.

Номер 3

Эти люди доводят свои эмоции до предела, поэтому они страдают от проблем с весом, горлом и кишечником. Физические упражнения - идеальное лекарство для снятия стресса.

Номер 4

Они часто страдают невралгией, артритом и депрессией. Важно, чтобы они придерживались здорового питания и уделяли первостепенное внимание отдыху.

Номер 5

Эти люди склонны к зависимостям. У них могут быть проблемы с надпочечниками и остеоартрит. Решением проблемы являются физические упражнения, правильная гидратация и здоровое питание.

Номер 6

Эти люди хотят все контролировать, поэтому почти всегда страдают от головных болей. Они также могут страдать от проблем с репродуктивной системой. Следует избегать употребления сладостей и молочных продуктов в избытке. Стресс усугубляет их состояние.

Номер 7

Эти люди страдают от бессонницы, головных болей и склонны к депрессии. Им следует избегать употребления обработанных продуктов и большого количества углеводов. Рекомендуется гулять на свежем воздухе.

Номер 8

Эти люди чрезмерно беспокоятся о материальных и экономических вещах. По этой причине они склонны к сердечным заболеваниям, гипертонии и паническим атакам. Выход - больше радоваться жизни. В больнице никогда не было счастливых миллионеров. Они должны смеяться, заводить домашних животных, общаться с друзьями и близкими.

Номер 9

Эти люди страдают от болей в шее, сердечно-сосудистых заболеваний, анемии и слабой иммунной системы. Лучшим лекарственным средством является йога, дыхательные упражнения и медитация.

Нумерология и ваша профессия

Иногда у нас есть работа, которую мы делаем потому, что у нас нет другого выбора. Однако, даже если вы не верите в это, существует работа, которая побуждает вас к тому, чтобы заниматься ею постоянно и с большим удовольствием.

С помощью нумерологии, имея свое личное число (помните, что на предыдущих страницах описано, как его рассчитать), вы можете найти профессии, соответствующие вашему числу, и найти приятную и благоприятную работу.

Благоприятные профессии для номеров 1

Эти люди напористы и всегда целеустремленны, поскольку обладают неиссякаемым источником энергии. Эти люди идеально подходят для профессий, где требуются лидерские качества, например, для управления подрядчиками, капитанами судов, судьями, прокурорами, свободными художниками, политиками. Самое главное - эти люди не могут иметь начальников, они должны все контролировать.

Благоприятные профессии для номеров 2

Эти люди сильны духом, но при этом являются дипломатами и посредниками. Они также могут читать лекции и преподавать. Лучшие профессии для них - преподавание, консультирование в школах, в любой области медицины, продажа недвижимости, модельеры, политические консультанты, официанты.

Благоприятные профессии для номера 3

Эти люди очень разносторонни, с большим энтузиазмом относятся к общению, и для них характерны такие профессии, как артисты, писатели, журналисты, телеведущие или даже журналисты, маркетологи, специалисты по связям с общественностью, групповые терапевты и фармацевты.

Благоприятные профессии для чисел 4

Эти люди приземлены, трудолюбивы и прекрасно справляются с профессиями, требующими высокой концентрации внимания. Им будет комфортно в администативных профессиях, банках, финансовых консультантах, на фондовом рынке, в инженерном деле, архитектуре, в качестве экскурсоводов. Они также могут быть хорошими юристами и спортсменами.

Благоприятные профессии для чисел 5

Эти люди очень любят природу, а также хорошо относятся к рискованным профессиям. Подходящие профессии - связи с общественностью, продажи, хранитель антиквариата. Поскольку они склонны к риску, их часто можно встретить в армии.

Благоприятные профессии для числа 6

К ним относятся преподавание и медицина, строительство и машиностроение, плотницкое дело и механика, а также многие профессии, связанные с землей. Здесь можно встретить таких людей, как Альберт Эйнштейн, ученый, который не нуждается в представлении.

Благоприятные профессии для чисел 7

Эти люди подходят для профессий, требующих высокого уровня интеллекта. К ним относятся такие профессии, как математика, физика, химия. Они хорошие военные стратеги, коммерческие предприятия, театральное искусство и кино.

Благоприятные профессии для чисел 8

Эти люди обладают большой силой концентрации, они амбициозны и смелы. Благоприятными профессиями для них будут милиционеры, автогонщики, хирурги, продавцы аптечных товаров, бухгалтеры-экономисты.

Благоприятные профессии для числа 9

Этим людям подходят профессии, требующие дипломатичности и справедливости. Они были бы очень эффективны в качестве школьных консультантов, членов советов, политиков, педиатров.

Благоприятные профессии для 11

Люди с этим числом сложны и трудны для понимания. У них есть сильное желание работать, но они не очень упорны. Подходящими для них будут профессии, требующие большого объема знаний, но не обязательно логического, а скорее абстрактного мышления. Это могут быть ораторское искусство, философская литература, политические деятели и советники, техника, астрология, экстрасенсорика.

Благоприятные профессии для чисел 22

Эти люди обладают неизменным и обширным мышлением. Они могут объединять людей в группы и работать вместе на благо человечества. Они подходят для планирования, организации, работы дипломатов, послов и президентов.

Число дня рождения. Значение

Люди, обладающие эзотерическими знаниями, знают, что наша душа сама выбирает день для рождения в этот мир, и что мы приходим с целями, которые нам предначертаны.

Число дня рождения — это день, когда Вы родились, и оно оказывает очень сильное влияние на Вашу жизнь. Число Дня Рождения определяет специфические черты характера, которые помогут Вам продвинуться в жизни.

Зная свое число дня рождения и его значение, можно уменьшить или устранить негативные характеристики и усовершенствовать позитивные.

Как рассчитать число своего дня рождения

Это простой расчет. Вы пишете число даты своего рождения и при необходимости сокращаете его до одной цифры. Если вы родились между 1 и 9 числом месяца, то уменьшать число не нужно. Однако если день рождения был после 10-го числа месяца, то необходимо уменьшать до однозначного числа.

Пример:

Если вы родились 18 числа, то это будет 1 + 8 = 9.

Количество дней рождения 1

Если вы родились 1, 10, 19 или 28 числа какого-либо месяца, то число вашего дня рождения равно 1.

Это означает, что вы обладаете лидерскими качествами и очень независимы. Вы креативны и обладаете большим энтузиазмом.

***Если вы родились 1 числа**, то вы обаятельны и творчески подходите к достижению своих целей. Почти у каждого новатора или первопроходца в истории число дня рождения было 1.*

Вы обладаете способностью легко зарабатывать и динамичны по своей природе. Временами Вы выглядите отстраненным и создаете впечатление, что игнорируете окружающих или грубы.

Поскольку Вы прирожденный лидер, Вы редко отдыхаете, Ваша энергия нервная. В личных отношениях Вы сильны. Вы честны, обладаете сильной силой воли и быстро соображаете.

Если вы родились 10-го числа, вы обладаете интуицией и добиваетесь успеха, когда прислушиваетесь к своим предчувствиям. Вы динамичны, идеалистичны и способны вдохновлять других.

Вы обладаете уникальной способностью изобретать себя, когда это необходимо, и благодаря своей креативности можете добиться успеха в любом деле.

Вы не любите обращать внимание на детали и предпочитаете работать в одиночку. В личной жизни Вы общаетесь со многими людьми, но лишь немногих из них называете друзьями.

Если вы родились 19 числа, то вы конкурентоспособны, волевые и любите добиваться успеха. Вы обладаете невероятной способностью создавать и начинать новые предприятия и любите рисковать.

Быть лидером для Вас очень естественно, но лучше всего Вы работаете в одиночестве. Иногда Вы можете чувствовать себя одиноким, даже находясь в группе людей, и Вам трудно размышлять о других.

Ваша личность магнетическая, и вы предпочитаете спокойно преодолевать трудности. Вы редко расстраиваетесь, но когда это случается, то взрываетесь, хотя никогда не держите обиды.

Если вы родились 28 числа, то вы волевой, умный и любите выделяться. Вы бунтарь и не любите следовать правилам, так как довольно независимы. Вы очень практичны, но аналогично и понимаете основные концепции человечества.

Вы умеете применять логику, чтобы добиться нужных результатов. Вы перфекционист, но поскольку вы новатор, вы никогда не терпите неудач.

Количество дней рождения 2

Если Вы родились 2, 11, 24 или 29 числа месяца, то Ваше Число Дня Рождения - Число 2.

Эти люди любят гармонию и командную работу, но при этом они чувствительны. Они очень отзывчивы и любят все хорошее, что есть в жизни.

Если вы родились 2-го числа, вы часто играете с жизнью в фокусы и с легкостью выполняете многозадачность. В глубине души вы хотите быть в мире, и достижение равновесия в вашей жизни - одно из ваших решений.

Вы дипломатичны, амбициозны и любите работать в команде. На эмоциональном уровне Вы воспринимаете все слишком серьезно и иногда недооцениваете себя.

Близкие люди играют важную роль в вашей жизни, ведь в поисках счастья вам необходимы родные и близкие люди, поэтому старайтесь тщательно выбирать отношения.

Ваш дом очень важен, вы заботитесь о нем и любите проводить время дома.

Если Вы родились 11 числа, *то Вы обладаете интуицией и любите упорный труд, так как таким образом Вы можете воплотить свои идеи в реальность. Вы склонны к беспокойству; вам рекомендуется сбалансированный образ жизни.*

Важно, чтобы Вы достаточно отдыхали, так как уровень Вашей энергии может быть снижен. Вы любите общение с природой и окружение животных.

На эмоциональном уровне вы склонны привязываться к боли или разочарованиям прошлого. Вам необходимо отпустить прошлое, поработать над уровнем своей уверенности в себе, чтобы развить уверенность в себе.

Если Вы родились 20-го *числа, то Вы тактичны и дипломатичны. Вы стараетесь приспособиться к жизни и вписаться в любой коллектив благодаря своей эмпатии и способности чувствовать себя непринужденно, где бы вы ни находились.*

Вы наиболее счастливы, когда находитесь рядом с такими же людьми, как Вы, Вы эмоциональны и чувствительны, и иногда чрезмерно балуете окружающих Вас людей.

Другие люди пользуются вашим желанием помочь, поэтому важно, чтобы у вас было время побыть одному, чтобы вы могли насладиться покоем.

Если Вы родились 29 *числа, то Вы очень чувствительны, но Вам нравится проводить время вместе с другими. У Вас очень сильный характер, но Вы легко вдохновляете других.*

Вы обладаете природными лидерскими качествами. Если Вы хотите добиться успеха в своей профессии, то должны выбрать ту, которая использует Ваши таланты. Вы склонны к застенчивости, но можете преодолеть ее, даже если окажетесь в центре внимания, поскольку Ваша личность очень сильна.

Вы любите деньги и власть, но при этом очень щедры с другими. Для Вас очень важно придерживаться прямой дороги, а не выбирать легкие пути. Вы склонны к перепадам настроения, поэтому должны держать свои эмоции в равновесии.

Внутри Вас много неуверенности в себе, хотя Вы очень хотите уметь глубоко любить. Вы замкнуты, скрываете свои чувства, боясь быть осмеянным. Не исключено, что в детстве у Вас была травма, и это может побудить Вас иметь детей.

Количество дней рождения 3

Если вы родились 3, 12, 21 или 30 числа этого месяца, то обладаете потрясающим чувством юмора и очень креативны. Вы хорошо общаетесь, добры, полны энтузиазма и любите веселиться.

Если вы родились 3-го числа, *то легко сможете проявить свои творческие способности. Ваши*

коммуникативные навыки превосходны, и Вы
очень популярны.

 Другие люди притягиваются к вам во всех
отношениях. Иногда Вы кажетесь
отстраненным, потому что люди не всегда
понимают Вас, но бывает даже так, что Вы
сами себя не понимаете.

Вы обладаете способностью не допускать
ухудшения настроения и прекрасно решаете
проблемы.

Если вы родились 12 числа, то в душе и сердце вы
ребенок. Поскольку Вы человек-любовь, люди
тянутся к Вам, и у Вас всегда будут друзья. Вы
испытываете глубокие чувства и преданы тем,
кого любите. Иногда Вы скрываете свои чувства
и потребности от других. Это может привести к
тому, что Вы станете загадочным человеком. Вы
обладаете хорошим словарным запасом и
прекрасно выражаете свои мысли, что делает
Вас мастером, поэтому Вы могли бы стать
оратором. У Вас много интересов в различных
областях жизни, но важно, чтобы Вы не брали на
себя слишком много обязанностей.

Если вы родились 21-го числа, *вы привлекаете удачу и возможности. Вам нравится делиться своей удачей с другими. Вы очень популярны, но сдержанны на светских мероприятиях. Вы можете говорить с кем угодно о чем угодно и обладаете естественным оптимизмом по отношению к жизни.*

Ваше отношение к окружающим помогает им улучшить настроение, и, хотя порой Вы бываете упрямы, у Вас любопытный ум. Бывает, что Вы нервничаете, потому что постоянно находитесь в движении; отдых для Вас очень важен.

Если Вы родились 30-го числа, *то Вы очень креативны и развлекаете окружающих естественным образом. Вы обаятельны и добиваетесь успеха в жизни благодаря своей креативности. Иногда Вы испытываете трудности в достижении своих личных целей. Когда у Вас есть деньги, Вы щедры, Вас привлекает все хорошее в жизни. Людям трудно узнать Вашу истинную личность, хотя с Вами очень весело.*

Количество дней рождения 4

Если Ваш день рождения приходится на 4, 13, 22 или 31 число месяца, то число Вашего дня рождения - 4.

С этим числом Дня рождения Вы обладаете стремлением к безопасности и потребностью создавать прочные структуры для своего будущего. Вы самодисциплины, искренни и справедливы.

Если Вы родились в 4-й день месяца, *то Вы придерживаетесь традиционных и практических взглядов. Вы знаете, как добиться желаемого в жизни, и обладаете решимостью сделать это.*

Иногда ваши симпатии и антипатии заметны, и вам трудно изменить свой образ мышления. Вы счастливы, когда можете наслаждаться жизнью. Важно уделять время повышению жизненного тонуса. Особое внимание следует уделять отдыху. В любви Вам очень трудно выразить свои самые глубокие эмоции. Вы производите впечатление серьезного человека, но как только люди узнают, насколько Вы добры, они Вас обожают.

Если вы родились 13 числа, то вы сложная личность. Вы интеллектуальны и обладаете огромной способностью к рассуждениям. Вы обладаете талантом преодолевать препятствия и умеете чувствовать, когда что-то идет не так, чтобы противодействовать этому.

Вы умеете решать проблемы, практичны и энергичны в своих действиях. Для Вас важны традиции, а также семья.

Вы придерживаетесь уравновешенного подхода, но иногда позволяете себе повеселиться.

Если вы родились 22-го числа, то вы прирожденный организатор и лидер. Вы любопытны и ищете ответы на загадки жизни. Хотя Вы независимы, Вы хорошо работаете в коллективе.

Вы обладаете природной жаждой жизни, и для Вас важно равновесие. Ваше настроение может легко испортиться. У Вас много необычных дружеских связей, и Вы испытываете потребность сделать их счастливыми. Временами Вы бываете чувствительны и стараетесь скрыть свои чувства, чтобы показать себя сильным.

***Если Вы родились 31 числа**, то Вы постоянно находитесь в движении и часто путешествуете. У Вас есть артистические способности, но Ваш ум силен и решителен. У Вас есть идеи, а также способность использовать эти идеи и при необходимости воплотить их в жизнь. Вы трудолюбивы, практичны и имеете опору в земле. У Вас высокие идеалы и Вы честны. Временами Вы можете быть негибкими, поэтому старайтесь быть гибкими.*

Количество дней рождения 5

Если вы родились 5, 14 или 23 числа месяца, то число вашего дня рождения - 5.

У Вас обостренное чувство авантюризма. Для Вас важна свобода, но это делает Вас нетерпеливым. Вы любите перемены, находчивы, любопытны и обладаете развитым мышлением.

*   **Если вы родились 5 чисел, то** вы нетрадиционны и любите делать все, что вам заблагорассудится. У Вас своеобразный взгляд на жизнь. Ваша энергия безгранична, это означает, что вы находитесь в постоянном движении и можете быть бунтарем, потому что не любите следовать правилам. Ваша личность магнетона,*

другие находят Вас очаровательным. Вы с трудом переносите обязательства и быстро анализируете.

Если Вы родились 14 числа, то Вам нравится просчитанный риск, и это часть Вашей личности. Вы обладаете прекрасной памятью, что заставляет Вас вспоминать о болях прошлого. Вам необходимо быть гибким и приспосабливающимся. Вы наслаждаетесь едой и напитками; вы слишком много потакаете своим чувствам. Вы очень щедры, и окружающие вас обожают.

Если вы родились 23 числа, то вы разносторонне развиты и очень быстро соображаете. Вы доверяете своей интуиции, у Вас могут быть экстрасенсорные способности. Вы всегда прислушиваетесь к своему внутреннему голосу, обладаете большой энергией, которая может расшевелить вас и заставить испытать что-то новое. Несмотря на то, что перед вами стоит множество проблем, вы всегда приземляетесь на ноги.

Количество дней рождения 6

Если Ваш день рождения выпадает на 6, 15 или 24 число, то число Вашего дня рождения будет равно 6.

Вы избегаете споров, предпочитая мир и гармонию в своем окружении. Вы часто чувствуете себя неловко, если спорите с другими. Людей привлекает Ваш магнетизм.

Если вы родились 6 числа*, то у вас есть деловые качества, вы артистичны и обаятельны. Вы можете преодолеть любые трудности. Вы придаете большое значение своей семейной жизни и всегда помогаете тем, кто в этом нуждается. Вы часто берете на себя слишком много ответственности.*

Вам нравится давать советы другим, но трудно воспринимать критику.

Если вы родились 15 числа*, то вы чувствительны. Вы сопереживаете и стараетесь помочь тем, кто в этом нуждается. Иногда Вы принимаете на себя чужие проблемы, и Вам бывает очень трудно их отпустить. Семейная жизнь очень важна для Вас. Вы пользуетесь большим уважением в бизнесе, привлекаете в свою жизнь влиятельных людей.*

Если Вы родились 24 числа, то Вы много работаете для достижения своих целей и любите простоту. Залог Вашего успеха - практичный и справедливый подход. Вы часто берете на себя ответственность, когда другие не успевают, но и от других ожидаете ответственности. Вы часто оказываетесь в окружении детей или людей с веселым характером. Ваш дом — это Ваше убежище, а музыка - Ваш любимый способ расслабиться.

Количество дней рождения 7

Если вы родились 7, 16 и 25 числа месяца, то число вашего дня рождения - 7.

Вы рефлексируете и постоянно ищете смысл жизни. Вы взвешенно подходите к принятию решений, потому что не любите ошибаться. Вас привлекает природа, потому что она питает ваш разум и душу.

Если вы родились 7 числа, то у вас отстраненный вид, поскольку вы обладаете природной застенчивостью. Вы любите уединение, и мало кто знает Вас настоящего. Вы очень любопытны и постоянно задаете вопросы, хотя сами их задаете неохотно. Вы доверяете своей интуиции.

Если Вы родились 16 числа, то у Вас отличная способность к восприятию, Вы сразу распознаете зло. Вам важно доводить начатое до конца, для этого нужно быть более аналогичным. Вас часто считают перфекционистом. Вы должны стараться видеть положительные стороны жизни, а также контролировать свои перепады настроения.

Если Вы родились 25 чисел, то у Вас есть потребность в спокойствии и желание побыть в одиночестве. Для Вас важно иметь возможность расслабиться и восстановить силы. Вас привлекает море, вы очень любопытны и всегда пытаетесь понять, как все устроено. Важно, чтобы вы следовали своей интуиции и получали метафизические знания.

Количество дней рождения 8

Если вы родились 8, 17 или 26 числа месяца, то число вашего дня рождения будет 8.

У Вас есть потребность быть собственным начальником или занимать должность, на которой Вы имеете обязанности и можете руководить другими. Вас сильно мотивируют материальные блага. Вы очень уверены в себе и амбициозны.

Если вы родились 8 числа, то вокруг вас невероятная магнетическая аура. Некоторые люди считают Вас пугающим. Вы любите принимать решения самостоятельно и не любите, когда Вам указывают, что делать.

Успех очень важен в вашей жизни, и вы находите счастье в том, что у вас есть деньги, и когда вы стремитесь к материальному успеху.

Если Вы родились 17 числа, то Вы амбициозны и успешны в любом деле. У Вас хорошая память, но есть и склонность к привыканию. Иногда Вы бываете эгоцентричны. Вы аналитик и нуждаетесь в конкретных доказательствах, а не в случайной информации. Вы организованны и преуспеваете в финансовой сфере.

Если вы родились 26-го числа, то обладаете врожденной потребностью в сбалансированных отношениях. Вы цените свой дом и семью, но почти всегда слишком заняты, чтобы наслаждаться ими. Вы наиболее счастливы в *окружении животных. Вы обладаете лидерскими качествами, организованны, но страдаете от стрессов. Важно научиться сохранять спокойствие и справляться со стрессами.*

Количество дней рождения 9

***Если вы родились 9, 18 или 27 числа месяца**, то число вашего дня рождения - 9.*

У Вас есть желание сделать мир лучше. Вы обладаете широким кругозором и интересуетесь мировыми политическими проблемами. Вы способны понять людей с разными типами мышления.

Если вы родились 9 числа, то ваше сердце доброе и сострадательное. Вы идеалист и всегда протянете руку помощи тем, кто в ней нуждается. Вы сдержанны в личной жизни и очень креативны. Вы общительны и легко увлекаетесь. Вы мечтатель и стремитесь вдохновлять других. Не забывайте заботиться о своем здоровье.

***Если вы родились 18 числа**, то у вас есть потенциал для достижения успеха. Вы артистичны, знаете свои сильные стороны, очень независимы и являетесь лидером. Ваши вкусы* изысканны, и вам необходимо постоянно поддерживать себя в умственном состоянии. Вы склонны не интересоваться мирскими вещами.

Если Вы родились 27 числа, то Вы очень скрытны в личной жизни и держите свои эмоции при себе. Вы страстно отстаиваете интересы окружающих и обладаете потрясающими коммуникативными навыками. У Вас много творческих способностей, Вы можете стать очень хорошим писателем или композитором. Вы также можете интересоваться политикой.

Об авторах

Помимо астрологических знаний, Руби обладает богатым профессиональным образованием: она имеет сертификаты по психологии, гипнозу, Рейки, биоэнергетическому исцелению кристаллами, ангельскому целительству, толкованию снов, а также является духовным инструктором. Руби обладает знаниями в области геммологи, которые она использует для программирования камней или минералов и превращения их в мощные амулеты или талисманы защиты.

Руби обладает практическим характером, ориентированным на результат, что позволило ей иметь особое, интегративное видение нескольких миров, способствующее решению конкретных проблем. Алина пишет ежемесячные гороскопы для сайта Американской ассоциации астрологов; их можно прочитать на сайте www.astrologers.com. В настоящее время она ведет еженедельную колонку в газете El Nuevo Herald на духовные темы, которая выходит каждый понедельник в цифровом и печатном виде. Также ведет программу и еженедельный "Гороскоп" на YouTube-канале этой газеты. Ее астрологический ежегодник ежегодно публикуется в газете "Diario las Américas" под рубрикой Rubi Astrologa.

Руби написала несколько статей по астрологии для ежемесячного издания "Today's Astrologer", вела занятия по астрологии, Таро, чтению по ладони, исцелению кристаллами и эзотерике. На ее канале в YouTube еженедельно выходят видеоролики на эзотерические темы: Rubi Astrologa. Она вела собственное астрологическое шоу, которое ежедневно транслировалось на канале Flamingo T.V., давала интервью нескольким теле- и радиопрограммам, ежегодно выпускает "Астрологический ежегодник" с гороскопом по знакам и другими интересными мистическими темами.

Она является автором книг "Рис и бобы для души", часть I, II и III, сборника эзотерических статей, изданных на английском, испанском, французском, итальянском и португальском языках. Книги "Деньги для всех карманов", "Любовь для всех сердец", "Здоровье для всех тел", Астрологический ежегодник 2021, Гороскоп 2022, Ритуалы и заклинания для успеха в 2022 году, Заклинания и секреты, Астрологические классы,

Ритуалы и чары 2024 и Китайский гороскоп 2024 изданы на пяти языках: английском, итальянском, французском, японском и немецком.

Руби прекрасно владеет английским и испанским языками, сочетая в своих выступлениях все свои таланты и знания. В настоящее время она проживает в Майами, штат Флорида.

Более подробную информацию можно получить на **сайте** *www.esoterismomagia.com.*

Алина А. Руби - дочь Алины Руби. В настоящее время она изучает психологию в Международном университете Флориды.

С детства интересовалась всеми метафизическими и эзотерическими темами, с четырех лет занималась астрологией и каббалой. Обладает знаниями в области Таро, Рейки и геммологи. Она является не только автором, но и редактором, вместе со своей сестрой Анжелиной А. Руби, всех книг, изданных ею и ее матерью.

За дополнительной информацией обращайтесь к ним по электронной почте:
rubiediciones29@gmail.com.

Библиография

Статьи, опубликованные одним из авторов в газете "Nuevo Herald".

9 798223 058564